DU

DROIT DE GUERRE

DANS

UN ÉTAT DÉMOCRATIQUE

CONFÉRENCE FAITE A LA SALLE PHILIPPE HERZ

LE 21 JUIN 1881

PAR

M. ALBERT DUCHESNE

AVOCAT A LA COUR D'APPEL DE PARIS

(Sous la Présidence de M. HERVÉ, Conseiller municipal de Paris
Rédacteur en chef du *Soleil*.)

PARIS

IMPRIMERIE LÉAUTEY, RUE SAINT-GUILLAUME, 24

1881

DU

DROIT DE GUERRE

DANS

UN ÉTAT DÉMOCRATIQUE

CONFÉRENCE FAITE A LA SALLE PHILIPPE HERZ

LE 24 JUIN 1881

PAR

M. ALBERT DUCHESNE

AVOCAT A LA COUR D'APPEL DE PARIS

(Sous la Présidence de M. HERVÉ, Conseiller municipal de Paris
Rédacteur en chef du *Soleil.*)

PARIS

IMPRIMERIE LÉAUTEY, RUE SAINT-GUILLAUME, 24

1881

Le 24 juin dernier, à la salle Philippe Herz, rue Charras, dans une réunion publique, présidée par l'honorable M. E. Hervé, conseiller municipal du 9e arrondissement de Paris et rédacteur en chef du *Soleil,* nous examinions la question du *Droit de guerre dans un État démocratique,* une des plus actuelles assurément, pour ne pas dire la question vitale de ce moment.

Nous signalions les imprudences géminées du gouvernement et les symptômes inquiétants dont les esprits les plus calmes s'alarmaient avec raison, et nous cherchions si les actes extérieurs des gouvernements, qui peuvent si fort compromettre la paix, ne devaient pas être soumis à un contrôle parlementaire dont il s'agirait seulement de préciser l'organisation et peut-être de limiter l'étendue.

Les événements semblent malheureusement justifier chaque jour davantage nos préoccupations d'alors. Le gouvernement nous a entraînés dans de véritables complications extérieures dont nul aujourd'hui ne saurait prévoir le dénouement.

Nous avons donc pensé qu'il y avait quelque intérêt à publier notre étude, qui emprunte à la situation un caractère d'actualité certain.

L'honorable M. Hervé, à l'ouverture de la séance, a prononcé les paroles suivantes qui ont été accueillies par des applaudissements répétés :

« *Messieurs,*

« *Peu de questions ont été plus discutées que ce'le du droit de paix et de guerre. Il y a là des intérêts forts graves à concilier : la néces-*

*sité pour le gouvernement de ne pas faire connaître à chaque mo-
ment tous les détails des négociations pendantes, et le droit pour un
pays libre, pour un pays qui s'appartient, de ne pas être engagé
dans une guerre sans sa volonté et sans son consentement.*

*« Nous pouvons différer, et nous différons d'avis sur bien des
questions. Mais il y a des points sur lesquels nous sommes tous d'accord. Nous sommes tous les enfants de la France moderne, de la
France démocratique et libérale. Tous nous sommes profondément
attachés au pays ; tous nous avons le culte des intérêts nationaux et
de l'honneur national. C'est justement pour cela que nous ne voulons pas voir le pays, ses intérêts, son honneur, son drapeau, que
nous aimons, engagés à la légère. Il y a là un terrain commun sur
lequel nous pouvons nous unir, quelles que soient nos divergences
sur d'autres questions. Ce n'est pas là une question de parti, c'est
une question de patriotisme. »*

On ne saurait résumer en meilleurs termes l'état de la question.

C'est bien là que doivent se porter les préoccupations du parti con-
servateur tout entier, qui a le devoir aujourd'hui d'envisager avant
tout les dangers qui menacent la patrie.

Ils existent indiscutables, sérieux, alarmants.

Nous n'exagérons rien en disant qu'il y va certainement de la prospérité intérieure du pays, et peut-être du salut de la France.

20 juillet 1881.

ALBERT DUCHESNE.

DU DROIT DE GUERRE

DANS

UN ÉTAT DÉMOCRATIQUE

CONFÉRENCE FAITE A LA SALLE HERZ LE 21 JUIN 1881
PAR M. ALBERT DUCHESNE.

MESSIEURS,

Je lisais, il y a quelques jours, dans une curieuse étude publiée en 1868 par M. Marc Dufraisse, une de ces anecdotes instructives, comme il y en a tant dans notre histoire, qu'on oublie vite et qu'on ne redit pas assez, car elles sont d'une éternelle jeunesse et d'une éternelle vérité !

Celle-ci a aujourd'hui quatre-vingt-onze ans. Et vous penserez comme moi, j'en suis sûr, qu'elle n'a pas vieilli !

Le 14 mai 1790, M. de Montmorin, alors ministre des affaires étrangères, annonçait à l'Assemblée nationale que le roi venait d'ordonner l'équipement de quatorze vaisseaux dans nos ports de l'Océan et de la Méditerranée; et il demandait des subsides pour leur armement :

Un différend à propos de la capture de quelques bateaux de commerce anglais venait de s'élever entre l'Espagne et l'Angleterre. La Grande-Bretagne apprêtait une flotte pour obtenir les satisfactions auxquelles elle prétendait avoir droit. Et le roi d'Espagne, s'appuyant sur le pacte de famille, demandait à son cousin de France assistance et secours.

L'opinion publique s'émut; l'opposition, suivant l'usage, découvrit dans la décision du roi toutes les noirceurs imaginables. Le soir, dit M. Laboulaye en racontant l'incident, il y eut affluence au club des Jacobins. Le *Patriote français*, l'*Orateur du Peuple*, l'*Ami du Peuple* poussèrent un immense cri d'alarme. C'était la guerre, disait-on de toutes parts !

Sans doute, le ministre n'avait point parlé de faire la guerre ! Il avait même exprimé nettement qu'il n'était question que d'une mesure préparatoire ; qu'il s'agissait simplement de rester sur la défensive, de faire respecter un droit à peine compromis à la vérité, et surtout un pacte de famille déjà ancien, et souvent appliqué !

Mais quelles étaient au fond les secrètes pensées du roi et des ministres? Ne voulaient-ils point, en détournant l'attention vers un conflit extérieur, ajourner les réformes politiques qui s'élaboraient dans l'Assemblée? Et même, si on admettait leur bonne foi (ce qui était difficile), ne pouvaient-ils être entraînés dans une lutte terrible pour laquelle la France était mal préparée (il y avait, assure-t-on, alors un ministre de la guerre inintelligent), qu'ils n'auraient pas suffisamment prévue, et dont les conséquences pourraient être funestes ?

L'Assemblée après tout, qui votait les subsides au roi, avait le droit de savoir où on la menait !

Il fallut pour sauver M. de Montmorin l'appui du grand orateur des Assemblées de la Révolution !

Mirabeau, que le pouvoir ne tentait pas, qui en craignait les responsabilités, et qui avait l'honnêteté de ne pas chercher à en usurper les prérogatives, monta à la tribune... Il protégea de sa voix puissante le ministère qui allait succomber. Il exposa que personne ne voulait porter atteinte aux droits de l'Assemblée ; qu'il ne s'agissait pas de guerre, mais que l'honneur national était en jeu !

L'Assemblée céda ; elle vota les subsides.

Nous ne saurions faire un reproche à une Assemblée d'autrefois d'avoir obéi à un homme !... Cet homme d'ailleurs s'appelait Mirabeau.

*
* *

C'est ce souvenir historique qui a inspiré cette conférence.

Assurément, quelque malicieux auditeur y trouvera quelque maligne allusion ! — Ce n'est pas notre faute à nous s'il n'y a rien de nouveau sous le soleil, et si les ministres de la République ont imité quelquefois les ministres des rois, — quand les ministres des rois avaient tort.

Mais nous avons cru surtout intéressant de chercher à fixer d'une façon quelconque, le mieux possible, quels peuvent être dans un état démocratique, en matière de politique extérieure, les devoirs du gouvernement, du pouvoir exécutif vis-à-vis des Chambres, qui ont le droit exclusif de faire la paix ou la guerre, — de chercher à préciser quelles sont en définitive les obligations qui dérivent pour les ministres de la prérogative du Parlement souverain.

L'exemple de 1790 peut nous rendre soucieux de l'avenir !

Nous pourrions bien tomber encore dans les mains de ministres habiles, comme ceux du roi Louis XVI, qui, sous prétexte d'un droit à conserver ou d'une frontière à protéger, nous entraîneraient dans des aventures lointaines et dans des expéditions funestes.

Vous voyez, Messieurs, que c'est bien une question de principe que nous discutons. J'éprouve même quelque joie à ce que cette réunion ait été remise à une date postérieure aux victoires de M. le général Farre et aux succès diplomatiques de M. Barthélemy Saint-Hilaire, non pas qu'il me soit possible de dire que je les admire, non pas même que je n'aie plus aucune inquiétude, mais parce que je me sens plus libre d'examiner mon sujet qu'à l'heure où nos soldats entraient en campagne mal approvisionnés et mal dirigés, et parce qu'on est mal à l'aise pour préciser des règles parlementaires quand on a du dégoût ou du chagrin dans le cœur !

Dieu merci, et c'est ce qui nous console, les ministères tombent, et notre armée se relève toujours plus courageuse et plus vaillante que jamais, quoi qu'on fasse, quoi qu'on entreprenne, quoi qu'on décrète....

Espérons que rien ne viendra troubler d'ici longtemps la tranquillité qu'on nous annonce et que nous voudrions croire à jamais garantie !

*
* *

Le droit de faire la guerre, il y a longtemps que cela a été dit, est assurément le droit le plus terrible et le plus dangereux dont on puisse investir le caprice ou l'ambition d'un homme.

Qu'on laisse de côté les convoitises qui agitent parfois les hommes d'Etat ! Si la politique intérieure vient à chanceler, si le crédit du chef est ébranlé, c'est toujours vers l'étranger que le souverain détourne les regards !... La guerre n'a-t-elle pas eu, plus d'une fois, l'unique but de consolider un trône chancelant ou de maintenir, quand même, une République malade ou un dictateur compromis ?

A la vérité, on peut dire aussi qu'il est nécessaire que ce droit de paix et de guerre soit dans les mains du chef de l'Etat, qui, directeur suprême des négociations diplomatiques, n'a d'autorité pour parler au nom de son pays à l'Europe et aux représentants des puissances qu'à la condition qu'il puisse sanctionner par les armes les prétentions qu'il a émises.

Je ne veux pas vous attarder à trancher cette question qui n'est pas la nôtre.

La question qui se pose aujourd'hui, à la suite d'événements qui ont certainement causé une émotion légitime parmi les hommes les plus modérés et les plus rebelles à l'inquiétude, n'est pas de savoir à qui appartiendra le droit de guerre et conséquemment le droit de paix: notre Constitution les donne formellement l'un et l'autre aux représentants de la nation; et si notre Constitution n'est pas une chose admirable, c'est un devoir qui s'impose à tous ceux qui ne sont pas des factieux, tant qu'elle existe, d'en respecter tous les articles et toutes les institutions!

La question actuelle est de savoir où commence et où finit le droit de faire la guerre; quels sont les droits qui découlent nécessairement pour les représentants du pays, au point de vue parlementaire, du droit primordial qui leur appartient souverainement de faire la paix ou la guerre; de quelles garanties ils ont le droit d'exiger qu'on les entoure; quelles questions ils peuvent poser chaque jour au gouvernement dont l'initiative diplomatique, dont quelquefois les imprudences peuvent ne pas laisser entière pour le Parlement la liberté de sa décision; quelles sont en définitive ses moyens d'information et de contrôle sur la politique extérieure.

Je dis, Messieurs, quant à moi, et j'affirme et je prétends démontrer que, sous des réserves très limitées, le pouvoir exécutif a le devoir de tenir le Parlement au courant de ses faits et gestes à l'extérieur; je dis que le pays a le droit de poser chaque jour les questions les plus étendues, presque les plus indiscrètes aux ministres; que quand par exemple une insurrection éclatera sur les frontières, il faudra que les ministres apportent des documents précis, des indications sérieuses sur la nature, l'importance, l'étendue de cette révolte; qu'ils disent honnêtement et loyalement quelles peuvent être les exigences de la situation, où peut conduire le pays une expédition dont le début paraît sans importance, mais dont les conséquences peuvent être plus graves; quelles sont, en un mot, les mesures que le gouvernement croit qu'il sera obligé de prendre.

*
* *

Messieurs, voulez-vous me permettre, pour arriver à la solution que nous cherchons, de commencer par étudier la proposition contraire de celle que contient notre programme? Je n'y passerai naturellement que quelques minutes. Mais il est assurément intéressant, instructif et utile au point de vue de la solution que nous cherchons, de savoir si avant 1789, avant la Constitution de l'État démocratique, des limites quelconques, un contrôle même n'étaient pas imposés à la puissance royale.

Nous examinerons ensuite ce qu'est devenu le droit de la guerre sous la démocratie, que cette démocratie ait pris pour formule l'Empire, le césarisme, ou qu'elle ait pris pour formule l'institution républicaine, celle qui répand en ce moment dans le monde entier, sur tous les continents, les bienfaits de la civilisation française.

Cette étude de l'histoire de la monarchie était présente, en 1791, à l'esprit des députés de la nation, lorsqu'il s'agit pour eux, dans la Constitution du 14 septembre, de limiter la puissance royale et de préciser les règles qu'il convenait d'imposer au roi et à ses ministres en cette grave matière !

Sous l'ancienne monarchie déjà, les États généraux, les Grands du royaume, les Cours de justice, le Clergé, étaient consultés dans tous les cas dont la guerre pouvait être la conséquence, dans toutes les circonstances où la paix pouvait être menacée !

En 1355, les trois ordres firent insérer une célèbre ordonnance rendue le 28 décembre, laquelle portait qu'il était interdit au roi, « conformément aux constants et anciens usages du royaume, de déclarer la guerre, de donner paix ni trève aux ennemis sans le conseil et l'assentiment des États ». Et l'application la plus large fut faite immédiatement de cette prescription.

Charles V consulta les États sur certains faits diplomatiques qui précédèrent la guerre contre les Anglais.

Philippe de Commines, à la fin du xve siècle, se plaint d'infractions commises à la règle par Louis XI et Charles VIII.

Enfin, il est rapporté par tous les historiens qu'il ne fut point plaidé au palais l'an 1409, le jour de la saint Sylvestre, parce qu'on ne pouvait entrer dans la grand'salle où le roi tenait grand conseil des princes du sang, des nobles et des magistrats du royaume sur les difficultés survenues entre les rois de France et d'Angleterre !

En 1615, le Parlement revendique le droit d'examiner en toute liberté le mérite des traités de paix ; il revendique même le droit de connaître un peu ce qui se passe dans les cabinets de l'Europe, et il veut être mis au courant des actes diplomatiques.

Puis le régime de la royauté absolue et du bon plaisir ne laissent guère la liberté de se produire aux curiosités ambitieuses du Parlement, dont les tentatives sont vigoureusement réprimées par la cravache du roi soleil.

Nous arrivons alors, il faut bien le dire, au temps des guerres coûteuses et des triomphes ruineux. Époque terrible et glorieuse en même temps, où la renommée militaire du pays n'a fait que s'affirmer et que grandir, mais avec lesquelles on peut étudier aussi ce que coûtent à un pays prospère les guerres entreprises par le caprice et pour l'ambition des conquérants !

Nos pères, qui subissaient en 1789 tout le poids des grandes folies du grand règne, avaient quelques raisons de chercher à garantir la patrie contre des victoires qu'il fallait payer si cher. Ils trouvèrent donc que ce n'était pas assez d'inscrire dans la Constitution à laquelle le roi allait jurer de rester fidèle, que la guerre ne pourrait être jamais décidée par la seule volonté du souverain, ce qu'avaient à peu près formulé toutes les chartes et toutes les ordonnances depuis cinq cents ans : ils précisèrent nettement le droit parlementaire qu'ils entendaient, par voie de conséquence, attribuer aux représentants de la nation, et ils le formulèrent en ces termes :

« *Dans le cas d'hostilités imminentes ou commencées, d'un allié à soutenir ou d'un droit à conserver par la force des armes, le roi en donnera sans aucun délai la notification au Corps législatif et en fera connaître les motifs. Si le Corps législatif est en vacances, le roi le convoquera aussitôt.* » (Constitution du 14 septembre 1791, ch. III, section I, art. II).

Messieurs, c'est ce jour-là qu'ont été posées les véritables bases du contrôle parlementaire sur les actes du gouvernement au point de vue diplomatique.

Comme on est étonné, en ce temps où les hommes qui nous gouvernent ne font que parler de la liberté au nom de laquelle ils prétendent tout diriger, de l'ignorance où ils semblent être des traditions de nos ancêtres ! Comme ceux-ci avaient tout prévu ! Comme ils avaient garanti le pouvoir lui-même contre les entraînements dont il peut être le jouet !... Il faut relire les discussions de l'époque..., les délibérations savantes et qui paraîtraient si fastidieuses aujourd'hui, à la suite desquelles il fut décidé que le pouvoir exécutif aurait le devoir de tenir les Chambres au courant de tous les cas d'hostilités imminentes ou commencées, d'alliés à soutenir ou de droits à conserver ! Quelle loi d'ailleurs agréable et commode pour les pouvoirs honnêtes et sérieux ! Elle ne doit être un souci que pour les gouvernements sans loyauté !

*
* *

Depuis 1879, nous vivons sous un régime démocratique.

La *démocratie,* en effet, peut avoir *deux formules.*

Tantôt le peuple a confié le gouvernement à plusieurs magistrats élus par lui, à des députés, à des conseils : cela c'est la République, avec ses formes, ses variétés, ses nuances, ses mécanismes différents... C'est le gouvernement de la paix par la liberté et de la concorde, où tout le monde est d'accord, où les divers pouvoirs n'ont qu'un but : le triomphe de la liberté et de la justice, où personne ne veut être le maître, où personne ne veut être riche, où les hauts fonctionnaires compromettent leur fortune personnelle pour l'intérêt commun! En un mot, la République, c'est notre gouvernement! C'est le régime heureux que l'Europe nous envie!

Tantôt le peuple a cédé à l'ascendant de la gloire, du génie, du prestige, aux séductions des fêtes et des prodigalités. Ce jour-là, il a abdiqué son pouvoir entre les mains d'un seul homme, d'un dictateur, d'un César, d'un empereur.

Nous autres jeunes, qui sommes un peu entachés de libéralisme, chaque fois que nous comparons la façon dont les gouvernements dictatoriaux ont entendu la liberté, et la façon dont les Républiques l'ont pratiquée, nous sommes, je vous assure, effrayés de voir la grande supériorité de la République au point de vue de son escamotage absolu.

Sous la République, telle qu'elle a existé jusqu'à cette heure, la dictature existe tout de même, mais rampante, hypocrite, et, ce qui est plus dangereux que tout au monde, sans responsabilité devant le pays. Je ne dis pas que cela soit nécessaire à l'existence de la République; mais jusqu'ici cela s'est toujours passé de la sorte.

J'avoue pour ma part que j'ai moins de confiance dans ces hommes qui essaient d'entraîner par l'influence dont ils disposent et qu'ils ont conquise dans leur pays, malgré l'économie des institutions, des votes qui leur donnent la toute-puissance. J'aime autant quelquefois la dictature honnête et loyale, qui se découvre et qui dit franchement : « Vous êtes malades ; je viens vous sauver. Je m'appelle la dictature ! »

*
* *

Eh bien, au point de vue du droit du Parlement dans les questions diplomatiques, savez-vous quelles étaient, sous l'Empire, les exigences de ceux qui, alors dans l'opposition, occupent aujourd'hui le pouvoir?

Le plébiscite de 1870, qui révisait la Constitution, tout en modifiant dans un sens libéral une grande partie de ses dispositions, n'en maintenait pas moins entre les mains du souverain, sinon la dictature sans contrôle, du moins une initiative et une direction toutes puissantes. Au point de vue du droit de guerre et du droit de paix, l'empereur avait un pouvoir absolu. Il pouvait à son gré *rompre la bonne harmonie de l'Europe,* et envoyer un cartel aux plus puissants de ses voisins.

J'aurais bien voulu que quelqu'un d'entre vous, en 1870, eût osé dire à l'un des membres de l'opposition que le Parlement n'avait à ce sujet aucun droit de contrôle! J'aurais bien voulu (et je précise davantage) qu'on lui eût contesté le droit de demander au gouvernement des explications et des éclaircissements sur la politique extérieure !

En ces temps agités, vers lesquels on ne saurait porter ses regards sans une poignante émotion, les ministres de l'Empereur, dont la réserve excessive n'eût trouvé grâce que devant la victoire, n'auraient jamais osé refuser d'une façon nette et catégorique aux députés de les instruire sur les difficultés diplomatiques qu'ils traversaient.

La Chambre seule en effet pouvait voter le budget et des subsides. Ses votes pouvaient restreindre ou étendre suivant les cas le chiffre de nos effectifs militaires. Il fallait qu'elle fût au courant des événements extérieurs qui pouvaient compromettre la paix.

Voici ce qu'on lit dans le *Journal officiel du 14 juillet 1870,* au compte-rendu de la séance du 13, où M. le *duc de Grammont,* ministre des affaires étrangères, avait fait une communication au Corps législatif:

« M. le duc DE GRAMMONT, *ministre des affaires étrangères.* J'ai été informé par l'ambassadeur d'Espagne que le prince de Hohenzollern renonçait à sa candidature à la couronne d'Espagne.

« M. le baron JÉRÔME DAVID. Je demande à M. le ministre des affaires étrangères de qui émane la renonciation dont il nous a entretenus... Je désire pouvoir apprécier la portée des paroles que M. le ministre vient de prononcer. Hier le bruit a couru dans la Chambre que la renonciation ne provenait pas du prince lui-même, mais qu'elle était une déclaration de son père. Je pose nettement la question à M. le ministre.

« *M. le ministre des affaires étrangères....* J'ai reçu de M. l'ambassadeur d'Espagne une communication officielle. Je l'ai transmise à la Chambre telle qu'elle m'a été donnée... Quant aux bruits qui circulent dans les couloirs, je n'ai pas à m'en occuper.

« M. le baron JÉRÔME DAVID. Je n'accepte en aucune façon la réponse qui vient d'être faite par M. le ministre des affaires étrangères, et je vais en dire les raisons. Cette communication a été faite hier dans les couloirs de la Chambre... Je ne comprends donc pas pourquoi on refuserait de la communiquer à la Chambre. »

Puis M. Clément Duvernois, qui avait déposé une interpellation, en demande la discussion prochaine, et il ajoute :

« Avec le rôle nouveau et considérable que vous remplissez dans les institutions, la détermination que vous pourriez prendre à la suite d'un débat pourrait exercer sur la conduite même du gouvernement une influence considérable. »

Alors M. le baron Jérôme David précise et demande à interpeller le ministère sur sa conduite à l'extérieur, qui non-seulement jette la perturbation dans les branches diverses de la fortune publique, mais aussi risque de porter atteinte à la dignité nationale.

Messieurs, les hommes qui posaient de pareilles questions étaient des députés de la majorité, qui dans l'intérêt de la patrie, peut-être même dans l'intérêt du gouvernement, demandaient des explications précises, proclamant ainsi le droit de tout connaître et de tout apprécier !

Vous voyez que la Chambre servile de l'Empire montrait quelquefois de l'indépendance !

Le 15 juillet 1870, ce fut l'opposition qui donna.

M. Thiers venait de terminer son fameux discours, malgré son grand âge, comme il disait souvent, et aussi malgré les protestations de la Chambre à laquelle il n'avait jamais ménagé aucune dureté... Il venait de lancer un anathème indigné contre le régime dont il avait été l'adversaire si passionné qu'il semblait impossible, même à cette heure suprême, que la vérité pût venir de lui!

MM. Jules Favre, Ernest Picard, d'autres encore étaient montés à la tribune !

Alors d'un banc de l'extrême gauche, solennel et emphatique, M. Gambetta se lève.

D'une voix terrible : — en ce temps-là les députés ne se courbaient point sous son souffle,

Comme au souffle du vent un peuple de roseaux ! —

« Messieurs, dit-il, le rapport qu'on vous faisait tout à l'heure doit être soumis à un double examen : d'une part la question politique, la question de guerre..., et de l'autre... les mesures préparatoires à la guerre.

« ... Il faut séparer... la question des directions diplomatiques, qui est la question du gouvernement, la question du cabinet.

« Eh bien, je dis que vous avez une justification à faire devant cette Assemblée au point de vue de votre politique et de votre diplomatie !...

« ... Vous appelez la France à vous donner des hommes et de l'argent et vous la lancez dans une guerre qui peut-être verra la fin du XIXe siècle consacrée à vider la question de prépondérance entre la race germanique et la race française, et vous ne voulez pas que le point de départ de cette immense entreprise soit authentique, formel et que la France puisse savoir en même temps que l'Europe de quel côté était l'outrage injuste et de quel côté est la résistance légitime... »

Puis, s'adressant aux ministres :

« Permettez-moi de vous dire que j'ai assez de foi sur les scrupules de ceux qui m'écoutent pour leur démontrer que vous ne leur avez pas donné toutes les satisfactions de certitude qui leur étaient dues...

« ... Ce qu'il nous faut, ce n'est pas la dépêche de M. Benedetti, ce n'est pas la dépêche d'un de vos agents..., ce qu'il nous faut, c'est le texte même de la dépêche par laquelle M. de Bismarck, etc... »

*
* *

Je m'arrête. Nous ne sommes plus aujourd'hui sous le régime de la corruption. Le souverain déchu est mort en exil dans le malheur et dans la souffrance ! La revanche de l'armée est aux mains de M. le général Farre. L'honneur national semble être encore un peu, — malgré de cruelles et récentes épreuves, — aux mains de celui qui prononçait ces paroles. L'un est général à perpétuité. L'autre est riche pour toute sa vie. Ils sont tous deux pleins de confiance, sinon dans l'avenir de leur République, du moins dans leur avenir à eux-mêmes.

Eh bien, et nous, les citoyens, les électeurs, les soldats de la France, nous, nous sommes inquiets, nous n'avons pas confiance, nous voulons que ces hommes, dont le premier a été appelé fou furieux par M. Thiers et factieux par M. Grévy, nous apportent sur leur politique les garanties et les explications qu'ils demandaient autrefois aux ministres de l'Empire !... Quand on est au pouvoir, monsieur le président, ou du moins qu'on a la puissance, on a autre chose à faire que de donner des déjeuners diplomatiques, de présider des banquets, de se faire dresser des arcs de triomphe à Cahors, ou de se faire réciter des compliments en vers par des petites filles tricolores... Vous avez autre chose à faire que de distribuer des sourires ou des grimaces au Sénat, suivant qu'il cède ou résiste à vos fantaisies.

Vous avez autre chose à faire, général, qui avez oublié votre métier pour la politique, que d'assurer à vos vieux jours une opulente retraite dont les contemporains déjà contestent la légalité; vous avez autre chose à faire que de frapper tout ce qu'il y a de jeune, d'ardent, de sympathique; que de priver de ses droits acquis les plus indiscutables le brave et vaillant militaire qui a illustré l'armée et qui a le défaut à vos yeux d'aimer la patrie autant que la République : vous avez à faire de la politique ouverte, de la politique loyale, de la République parlementaire.

La République, c'est le règne de la démocratie libérale. Nous ne demandons pas trop, ce me semble, en exigeant autant de liberté que sous l'Empire.

Non-seulement sous la République, comme sous l'Empire, la Chambre seule peut voter le budget, mais elle seule a le droit de faire la guerre. Il importe qu'elle soit mise au courant des complications diplomatiques qui peuvent surgir, des événements extérieurs qui peuvent compromettre la paix. La guerre est bien rarement une de ces résolutions qui traversent rapides comme l'éclair l'imagination d'un homme. Elle est toujours le résultat d'une politique, d'une *diplomatie*, d'un système qu'on a suivi.

Ne croyez-vous pas que la façon dont on maintient un droit, qu'une démarche imprudente vis-à-vis d'un voisin peuvent quelquefois compromettre les bonnes relations qu'on avait avec lui? Ne croyez-vous pas que, même avec les grands diplomates qui représentent la France à l'étranger, MM. Arago, Challemel-Lacour, etc.; que même avec le grand homme que le Ciel avait désigné pour la plus grande félicité de la colonie africaine; ne croyez-vous pas que même avec ces hommes une démarche — je n'oserais pas dire maladroite (ils sont incapables d'une maladresse) mais malheureuse — peut entraîner le pays à des complications, à la guerre même?

Si cela est vrai, comment les représentants de la nation sous la République n'auraient-ils pas le même droit de contrôle que sous l'Empire?

*
* *

Messieurs, je n'aurais pas voulu parler il y a trois semaines de l'expédition de Tunis, pour les motifs que je vous indiquais tout à l'heure. Elle commençait... J'avais à ce moment des inquiétudes qui ne se sont peut-être pas dissipées absolument; car, pour les gens prudents, l'horizon est couvert de nuages... Mais le gouvernement nous assure avec tant d'insistance que nous n'avons plus rien à craindre, et je désire tant qu'il en soit ainsi, que je me sens sinon plus tranquille, du moins plus libre de parler. On nous assure que tout est vraiment calme en Afrique; que l'Italie, qui n'avait cessé de grogner sourdement, nous manifeste une grande amitié; que la Turquie, qui proteste cependant tous les huit jours, se borne à cette protestation platonique; que l'Angleterre voit avec une très grande satisfaction l'installation dans la régence du protectorat de la France, que le bey nous a consenti en toute liberté.

Puisqu'il en est ainsi, nous pouvons parler librement des affaires tunisiennes.

Le gouvernement a-t-il conformé sa conduite aux règles parlementaires que ses membres autrefois traçaient à l'Empire, et que nous avons essayé de résumer?

Je réponds : Assurément non! Je prétends qu'il a entrepris une campagne imprudente dont les conséquences, même au point de vue militaire, auraient pu être funestes. Mais je dis, au point de vue diplomatique surtout, qu'il a entrepris une campagne dangereuse, et qu'il a entraîné la Chambre à sanctionner cette expédition sans la mettre au courant des difficultés qui pouvaient s'élever et des dangers que la paix pouvait courir !

Vous vous souvenez, Messieurs, de la tranquillité dans laquelle on vivait, quand un beau jour le gouvernement est venu demander à la Chambre un crédit de 6 millions pour les dépenses occasionnées par l'expédition tunisienne. Cette demande était notoirement insuffisante: à cette date, on avait déjà épuisé cette somme; et cela est si vrai, que bientôt on demandait un crédit supplémentaire, un petit supplément de 14 millions !

L'opinion s'émut. Des députés des plus autorisés déposèrent des interpellations ! N'était-il donc question, disaient-ils, que de la répression de quelques sauvages et d'un massacre douloureux, mais comme il s'en produit trop souvent en Afrique ?

Que répondit le premier ministre à MM. Janvier de la Motte, Cunéo d'Ornano et Lenglé ?

Cette réponse doit être enregistrée par l'histoire :

« La République, dit M. Jules Ferry, a reçu en dépôt des gouvernements qui l'ont précédée cette magnifique possession algérienne que la France a glorifiée de son sang et fécondée de ses trésors. La République ira dès lors dans la voie de la répression militaire jusqu'au point où il faudra pour mettre à l'abri la sécurité et l'avenir de la France africaine. »

Et ce fut tout !... Merveilleux langage en vérité ! Mais est-il possible de témoigner, avait-on jamais jusque-là vu manifester plus d'irrespectueuse désinvolture à un Parlement, à des députés qui s'inquiètent, qui s'alarment, qui cherchent et demandent où on les conduit ?

Il s'agissait, Messieurs, à cette époque, — et le gouvernement le savait bien, c'était son but, c'était son objectif, c'était sa pensée, — il s'agissait d'occuper Tunis ; il s'agissait d'obtenir du souverain africain une abdication morale ; il s'agissait d'accomplir un haut fait d'armes et de planter le drapeau français dans quatre ou cinq villes de l'Afrique.

Et c'est bien pour cela que le ministère a gardé le silence !... S'il avait dit ce qu'il prétendait faire, on ne lui eût rien accordé ; personne, s'il avait dévoilé ses secrètes pensées et ses convoitises intimes, ne lui eût donné sa confiance ; l'ordre du jour de l'aveugle M. Paul Bert n'eût jamais été accepté !

Indiscutablement, ce n'était pas là respecter les règles ni les traditions parlementaires !

On ne peut nier, je pense, sérieusement que le but de l'expédition tunisienne ait été l'occupation de Tunis. Sans doute, on n'a pas voulu mettre sur le pied de guerre un corps d'armée ; mais on a envoyé en Afrique plus d'hommes qu'il n'y en a dans un corps d'armée : ce qui a permis en même temps au général Farre de désorganiser les régiments et de séparer les soldats de leurs chefs ordinaires ; mais on a armé un nombre de navires de guerre autrement considérable que n'avait fait Louis XVI en 1790 ! On a dressé des plans de campagne, ce qui était d'ailleurs un peu tardif, attendu que des plans de campagne doivent toujours être dressés par avance. Demandez aux Allemands, que nous cherchons à imiter, comment ils pratiquent !...

Dites-moi, Messieurs, tout cela pour réprimer l'assassinat de quelques braves gens !...

Ce n'est pas sérieux !

D'autres incidents encore empêcheraient d'y croire !

Vous connaissez l'histoire du *Crédit foncier* tunisien.

Le pauvre bey, qui ne voulait pas laisser parler d'un bureau des hypothèques à Tunis, va y voir s'installer un Crédit foncier.

On a même l'intention de faire de la Tunisie un petit Éden merveilleux. Ce brave et honnête M. Barthélemy Saint-Hilaire définissait ses projets dans une étonnante circulaire datée du 9 mai, et qui semble le développement classique d'une matière de vers latins.

« Nous sommes prêts, dit-il, dès que les bons rapports auront été repris, à faire une foule d'autres entreprises non moins bienfaisantes : des phares sur les côtes ; des chemins intérieurs pour relier bien des villes populeuses et prospères les unes aux autres ; de vastes irrigations dans un pays où les rivières ne manquent pas, mais où elles ne sont pas mieux aménagées que les forêts ; des exploitations de mines abondantes en toutes sortes de métaux ; une culture perfectionnée sur les biens-fonds que les Européens peuvent acquérir dans la régence, ou même sur les terres des indigènes ; l'emploi d'eaux thermales que jadis les Romains ont découvertes et pratiquées. La régence de Tunis est en général très fertile, et la richesse prodigieuse de l'antique Carthage l'atteste assez. »

Il ne manque qu'une chose à cette amplification, c'est un parallèle entre Annibal et le général Farre !

Ainsi, quand on est allé en Tunisie, ce n'était pas d'une petite reconnaissance banale, ni de la répression d'un massacre qu'il s'agissait. Il s'agissait, Messieurs, d'une campagne ayant pour objectif une entreprise dont le gouvernement avait le devoir d'exposer avec loyauté les secrètes pensées et les conséquences possibles ! Le gouvernement ne l'a pas fait, et il a manqué à son devoir.

*
* *

Aujourd'hui, 21 juin, je ne sais si nous sommes à l'abri du danger et ce que nous réserve l'avenir. Il ne serait ni patriotique ni exact d'affirmer rien d'absolu sur cette question délicate.

Mais il est une chose que vous savez bien, c'est que le lendemain du traité de... garantie (comme dit le gouvernement) du 12 mai, traité qui dépouillait le bey de Tunis, le gouvernement n'était pas tranquille !

L'attitude de la presse italienne n'était pas rassurante.

Le *Times* parlait de représailles possibles du côté de la Turquie :

« La France, disait-il, s'est aliéné l'Italie ; elle a désappointé l'opinion publique en Angleterre ; elle a ravalé la dignité de la Porte, et sa réputation de loyauté, de modération, d'abstention de toute aventure équivoque est sérieusement entamée et peut-être à jamais perdue. »

Sans remonter au 12 mai, reportons-nous à la semaine dernière.

Le 12 juin, une circulaire de la Porte déclarait qu'elle maintenait plus que jamais ses droits de suzeraineté sur la Tunisie et qu'elle confirmait ses protestations antérieures contre le traité du 12 mai imposé au bey par la force.

Elle ajoutait :

« La Porte ne reconnaîtra jamais les prétentions ni les actes des consuls français tendant à administrer, au nom de la France, la Tunisie et les affaires tunisiennes, soit en Tunisie, soit dans une partie quelconque de l'empire ottoman. La Porte espère que les puissances prendront en considération sa plainte sur le fait d'un Etat étranger voulant exercer sa protection sur des sujets ottomans. »

Mais, je le répète, je n'insisterai pas, je ne veux pas insister... Je suis trop heureux qu'on m'affirme que tout est dans l'ordre.

J'aime encore plus mon pays que je ne déteste la politique du gouvernement.

Je me résume donc. Il est certain que le gouvernement, dans les affaires de Tunisie, ne s'est pas conformé aux règles formellement inscrites dans la Constitution de 1791.

Vous vous en rappelez les termes ; c'est la formule que nous vous avons proposée :

« Le pouvoir exécutif a le devoir de tenir les Chambres au courant de tous les cas d'hostilités imminentes ou commencées, d'alliés à soutenir, de droits à conserver par la force des armes. Le pouvoir exécutif en donnera sans aucun délai notification au Corps législatif et en fera connaître les motifs. »

* *
* *

Je connais l'objection qui va m'être faite. On va me dire : « Et le secret des négociations diplomatiques ? Qu'en faites-vous ? Allez-vous ainsi divulguer au pays, chaque jour, les secrets diplomatiques qui doivent être fidèlement respectés ? L'excès de sans-gêne de M. Jules Ferry vous inspire une légitime horreur ; mais vous allez être entraîné à une imprudence !

Nous avons prévu l'objection et nous y avons cherché un remède.

Il ne faudrait pas, à la vérité, s'effrayer outre mesure de la divulgation des secrets diplomatiques !

Vous, Messieurs, qui me faites l'honneur de m'écouter, vous n'êtes guère moins édifiés chaque jour sur ce qui se passe que les plus habiles et les plus puissants diplomates ; l'extension donnée aux informations extérieures dans la presse ; les communications très larges qui sont faites aux journaux, dans les ministères ou dans les ambassades ont fait, dès aujourd'hui, du secret diplomatique un secret assez peu mystérieux.

Mais enfin le danger peut exister; il faut y porter remède.

Pourquoi n'y aurait-il pas chaque année, nommée moitié par la Chambre, moitié par le Sénat, une grande commission parlementaire composée de dix à vingt membres, qui serait chargée de recevoir les communications du gouvernement, sorte de comité consultatif qui exercerait un contrôle continuel sur ses actes extérieurs?

Le projet n'est pas nouveau d'ailleurs.

Quelle serait la procédure de nomination à suivre pour les membres de cette commission? Quel serait leur nombre? Pour combien de temps seraient-ils nommés? Seraient-ils présidés par un membre élu par eux tous, ou par le doyen d'âge, ou par un membre de la Chambre haute, l'élu de tous ses collègues de la commission?... Ce sont là une série de questions de détails qui ont, certes, leur importance, mais sur lesquels je ne puis m'étendre ici et à cette heure.

Ce que je demande, c'est l'organisation d'un contrôle qui mette le pays à l'abri des folies et des aventures et qui nous garantisse contre les caprices, contre les ambitions, contre les convoitises d'un ministre ou d'un président!

*
* *

Messieurs, je vous demande pardon de vous avoir retenus si longtemps, et je vous remercie mille fois de ne m'avoir pas laissé voir que j'ai lassé votre patience et épuisé votre attention.

On se laisse attarder volontiers à l'examen de ces graves questions qui intéressent à un si haut degré non-seulement la prospérité, mais l'avenir même du pays.

Comme vous le disait si bien au début notre éminent et cher Président, nous sommes là sur un terrain où il ne saurait assurément y avoir de désaccord entre ceux que nous avons réunis... Ce n'est ni la passion, ni l'esprit de parti, ni la rancune qui nous dirige... Ce qui nous pousse, c'est notre ardent amour de la patrie et notre ardente passion de la paix publique.

Or, hélas! il faut bien le dire, les hommes qui nous gouvernent et qui ont fait une révolution au nom de la liberté et de la patrie nous témoignent à chaque instant qu'ils n'ont ni le respect de l'une, ni guère non plus le souci de l'autre.

Il n'est plus à démontrer qu'ils ont fait litière de la liberté de conscience et de la liberté de l'enseignement!

J'ajoute qu'ils compromettent par leur coupable légèreté notre situation diplomatique et la sécurité de la paix !

Il faut que nous y songions !... Il faut que les électeurs y songent !... Il faut qu'en toute matière nous trouvions à notre résistance conservatrice une formule qu'on puisse opposer aux empiétements anti-démocratiques qui tentent le gouvernement !

Je ne sais si en faisant cela nous aurons fondé la monarchie, l'Empire ou la République. Il importe peu ! Nous aurons du moins secoué définitivement le joug, déjà ébranlé, à vrai dire, des dictatures sans moralité et des dictateurs sans responsabilité !

J'ai essayé, ce soir, pour ma part, de faire quelque chose dans ce but.

Je n'ose pas espérer que j'y ai réussi.

Mais ce que je sais, c'est que j'ai tenté cette étude et abordé cette discussion avec la passion de la vérité et de la justice, avec le sentiment profond d'un dévouement inépuisable à la chose publique et à la patrie.

Imp Léautey, rue Saint-Guillaume, 24.